FÉDÉRATION DÉPARTEMENTALE
DES
Sociétés de Libre Pensée
De SAONE-ET-LOIRE

Pour l'action
dans la
Libre Pensée

EXTRAITS ET COMMENTAIRES
des Discussions et Résolutions
du Congrès Fédéral tenu à CHALON-SUR-SAONE
le 20 Mars 1910

CHALON-SUR-SAONE
IMPRIMERIE GÉNÉRALE ET ADMINISTRATIVE, RUE DU TEMPLE

1910

FÉDÉRATION DÉPARTEMENTALE
DES
Sociétés de Libre Pensée
De SAONE-ET-LOIRE

Pour l'action
dans la
Libre Pensée

EXTRAITS ET COMMENTAIRES
des Discussions et Résolutions
du Congrès Fédéral tenu à CHALON-SUR-SAONE
le 20 Mars 1910

CHALON-SUR-SAONE
IMPRIMERIE GÉNÉRALE ET ADMINISTRATIVE, RUE DU TEMPLE
—
1910

PRÉFACE

Les comptes rendus des travaux de plusieurs congrès précédents avaient été édités en brochures à peu près in extenso.

C'étaient des procès-verbaux touffus, un peu froids et solennels.

Le Bureau de la Fédération a estimé, cette année, que ce mode de publication ne se prêtait pas absolument à une propagande efficace et intensive.

La rédaction d'un compte rendu précis des travaux de chaque congrès est, certes, utile, voire indispensable. — Le Bureau fédéral doit nécessairement posséder, dans ses archives, un document de ce genre. Cette notation des travaux accomplis, cette table chronologique des matières examinées s'imposent d'autant plus que l'action libre penseuse est, elle-même, une méthode de travail. Mais si les libres penseurs groupés et fédérés, si les délégués aux congrès successifs ont un intérêt essentiel à lire un rapport complet des travaux antérieurs, à puiser dans les détails des discussions, à posséder un mémoire exact de tout ce qui a été dit, proposé, fait, résolu, la masse des citoyens, des travailleurs de tous genres, dont l'éducation politique et sociale ne se fait, hélas! qu'au jour le jour, par lambeaux de lectures, sous le coup de fouet des événements et des actualités, n'a pas besoin, elle, tout de suite, de multiples précisions sur la tenue des discussions entre militants. — Dans ce peuple ouvrier, dans ce grand public où il importe de faire des adeptes, où il s'agit de frapper des intelligences, d'éveiller des curiosités, de secouer des indifférences, de chasser des craintes, de susciter des revendications, le Bureau fédéral a décidé de répandre désormais, et le plus largement possible, des brochures à allure plus originale dans leur concision et présentant à l'Opinion les solutions proposées pour les problèmes principaux par les libres penseurs fédérés. — Il lui a paru qu'il était préférable, pour faire œuvre de propagande, de composer ces brochures des seuls textes, rapports, vœux, discussions et résolutions mettant en relief la force, l'Idéal de la Pensée libre et résumant l'orientation, la caractéristique, le sens général de l'action à poursuivre et des travaux du dernier congrès fédéral.

Des commentaires et des citations rapides, de brèves analyses pourront, néanmoins et même mieux, donner à tous une idée très nette des recherches et des efforts méthodiques des libres penseurs fédérés.

Or, faire connaître, proclamer bien haut le rôle et le but que nous nous sommes assignés, forcer l'attention des amis, des adversaires et des neutres, stimuler les discussions et les controverses, tout cela sous une forme plus personnelle et plus attrayante, voilà, je le répète, ce qui a semblé au Bureau fédéral comme la manière la plus rationnelle, c'est-à-dire la meilleure, pour l'accomplissement de cette œuvre de vulgarisation et de prosélytisme.

Mes camarades libres penseurs me diront s'ils approuvent l'idée ci-devant exposée en guise de préface...

Sous la présidence du citoyen Jean Richard, bon ouvrier de la Pensée libre devenu très heureusement sénateur de la République troisième du nom, le Congrès de la Fédération départementale des Sociétés de Libre Pensée de Saône-et-Loire s'est ouvert le matin du 21 mars 1910, à Chalon-sur-Saône.

Il y avait là 15 sociétés représentées par 24 délégués. Une demi-douzaine d'autres groupements, dûment convoqués, s'étaient abstenus d'envoyer une délégation. Pour quelques-uns de ceux-là, la nécessité de l'action collective, de l'association fédérale passe, sans doute, après des susceptibilités exagérées ou d'étonnantes préventions.

Respect à toutes les opinions !

Ainsi, la Fédération ne périclite pas, mais, numériquement, elle ne se fortifie pas davantage. De beaux esprits, dévoués aux puissants du jour, des pontifes à rosettes pour qui la Libre Pensée n'est qu'une succursale de la grande fabrique d'anticléricalisme officiel ont dit que la Fédération se mourait pour avoir absorbé le poison socialiste et révolutionnaire. On pourrait leur répondre que son utilité et sa puissance ne nous ont jamais été démontrées, pas plus qu'elles ne doivent s'accroître avec l'alimentation maçonnique et radicale.

On pourrait leur répondre bien autre chose encore. Mais, à mon sens, la vérité est que la Libre Pensée, tout comme les partis politiques avec lesquels elle a été et est encore, bien à tort, confondue, subit une crise. Pourquoi et comment ? Je serais mal venu d'apporter, ici, une tentative d'analyse.

Peut-être reviendrai-je sur ce sujet par ailleurs. S'ils le désirent, les ironiques contempteurs de l'Idée élargie et exacte de Libre Pensée qui jaillira à la fin de cette ère de tassement et de lassitude trouveront la réplique. Je passe.

A part nos camarades Richard et Bouveri, aucun autre élu du département ne s'était dérangé pour si peu. Nous les avions cependant, il me semble, tous invités. Inclinons-nous très bas devant les excuses de ces messieurs.

Par contre, nous eûmes la bonne fortune de recevoir,

dans l'après-midi, notre excellent ami Ferdinand Buisson, qui était accouru de Paris, à notre invite, malgré la campagne électorale déjà commencée.

A cette séance du matin, on fit la besogne coutumière.

Aimable discours du Président, qui nous souhaita la bienvenue dans la ville dont il est maire.

Lecture du procès-verbal — naturellement adopté — du Congrès précédent.

Lecture du rapport moral non moins approuvé.

Vérification et approbation des comptes du trésorier, notre brave Lévite, maintenu, ainsi que Lacœuille, secrétaire-adjoint, dans ses fonctions, et ce, en dépit de la résolution d'Autun, concernant l'inéligibilité d'un des membres du Bureau, désigné par voie de tirage au sort.

A midi, congressistes et libres penseurs, — parmi eux, beaucoup de charmantes libres penseuses, — ensemble au nombre de soixante, se rendirent au banquet. Vraiment démocratique ce banquet à trois francs par tête et sans aucune ressemblance avec ceux, à un louis, présidés par l'ineffable Mascuraud ! Côte à côte, on voyait le collectiviste Bouveri et le radical Richard. Si l'un et l'autre pratiquent la méthode libre penseuse, obéissent à la loi supérieure de Raison et de Déterminisme, il faudra bien qu'ils se retrouvent tôt ou tard sur le même chemin, marchant du même pas aux mêmes conquêtes, dussent-ils, le premier mitiger son intransigeance doctrinale, le second abandonner son hésitation conservatrice.

Puis, à deux heures, reprise ; discussion fort ample, intéressante et courtoise sur « la question de propagande » et celle de « l'enseignement ».

Chacune de ces questions, en application de la résolution d'Epinac, fut l'objet d'un examen et d'un rapport de la commission d'études. Voici l'exposé relatif à la question, si importante, de la Propagande libre penseuse, et rédigé par notre dévoué camarade Bonnet, secrétaire de la L. P. de Chalon :

Citoyens,

Les citoyens Girard, Futin, David, Jandot et Bonnet, membres de la Commission nommée à l'effet de présenter un rapport sur la question de propagande, se sont réunis à Chalon le 6 mars courant.

Le citoyen Girard, de Cuisery, a aussitôt développé diférentes propositions relativement aux moyens à adopter pour exercer une propagande efficace. Ces propositions peuvent se résumer de la façon suivante :

1° Création dans chaque commune de notre région, ou, tout au moins, dans chaque localité où il existe un groupement ou un noyau de libres penseurs, d'une bibliothèque de propagande composée d'ouvrages philosophiques et sociaux, et administrée soit par une Commission émanant de la Société existante soit par un citoyen désigné par la Commission fédérale.

Des sollicitations seraient formulées aux maires républicains en vue d'obtenir leurs concours ou leur appui bienveillant pour l'installation de cette bibliothèque.

2° Organisation d'un système permanent et régulier de conférences et cours sur des sujets ressortissants de la Libre Pensée. Les conférenciers, dont le talent devrait être sinon notoire, du moins suffisant, seraient, autant que possible, recrutés parmi les militants de notre région, mais aussi, au besoin, à Paris, et, conséquemment, rétribués dans la mesure des moyens dont on disposerait.

3° Création par la suite, si la nécessité s'en faisait sentir, d'un organe périodique de la Libre Pensée dans le département.

Le citoyen Girard déclare qu'il n'ignore pas les difficultés énormes que rencontreront toutes tentatives d'accomplissement d'un tel programme. Mais il voudrait voir les groupements ne pas s'effrayer devant des initiatives si hardies fussent-elles, et prendre, au contraire, après une étude approfondie et continue, la décision de donner corps à un maximum de possibilités.

La difficulté est là : trouver les fonds nécessaires.

A cet égard, le citoyen Girard indique les moyens et émet les opinions ci-après :

1° Une vaste souscription pour la propagande et l'action de libre pensée pourrait être ouverte dans tous les journaux républicains du département. Par des moyens de publicité divers, les adhérents ou amis de la Libre Pensée pourraient être sollicités, de même que le seraient les groupements, les auteurs d'ouvrages laïques, les personnalités politiques ou non, dévouées à notre idéal.

2° Des soirées amusantes, concerts, fêtes civiques et artistiques, organisées par les Sociétés de Libre Pensée ou sur l'initiative de celles-ci, pourraient être, en différentes localités, données avec le concours gracieux de tous les adhérents susceptibles par leurs aptitudes ou leur culture intellectuelle, de remplir un rôle quelconque.

Ces fêtes constitueraient elles-mêmes une forme de propagande, car les œuvres, chants ou causeries qui les rendraient attrayantes, refléteraient et exposeraient notre idéal. D'un autre côté, les bénéfices qui pourraient en résulter seraient exclusivement affectés à l'action générale de propagande.

Ainsi, l'utile et l'agréable se coordonneraient.

Après l'exposé du citoyen Girard, un échange d'idées a lieu. Aucune objection n'a été — et ne pouvait être — faite sur sur le principe. Mais des observations nombreuses ont été présentées quant aux différents modes d'application d'un tel programme qui comporte :

1º La propagande livresque et journalistique ;
2º La propagande par la Conférence ;
3º La propagande artistique ;

Tout d'abord, les membres de la Commission, jusques et y compris le citoyen Girard, s'accordent à reconnaître qu'en l'état actuel des choses, la création d'un organe libre penseur peut être écartée, attendu que, beaucoup de journaux quotidiens ou périodiques sincèrement républicains n'hésitent pas et n'hésiteront jamais, il faut l'espérer, à ouvrir leurs colonnes aux communiqués et articles de nature à servir au développement de la Libre Pensée.

La question relative à la création de bibliothèques et celle concernant le fonctionnement, à déterminer, d'une sorte de service de conférences et cours sont retenues. Les avis qui s'émettent seront rapportés par leurs auteurs et la Commission décide de demander au Congrès, qui les entendra, de poursuivre la solution de cette double proposition par tous les moyens qui auront été reconnus bons par le Congrès lui-même. Dans tous les cas, la Commission est d'avis que, pour obtenir les premières ressources financières indispensables, il y a lieu de faire appel à tous les tenants de la Libre Pensée, Sociétés fédérées ou non, élus, individualités, groupements à tendance démocratique, etc..., dans le sens indiqué par le citoyen Girard.

La Commission ne croit pas pouvoir espérer dans un succès

et un rapport assez grands des modes de propagande artistique pour qu'il soit permis de faire fond sur des bénéfices de ce côté. Mais elle ne saurait — réserves faites sur certaines localités importantes — considérer comme irréalisables les idées exposées sur ce point par le citoyen Girard. Au surplus, le Bureau fédéral pourra utilement examiner, dans tous ses détails, l'organisation de cette action de propagande.

Quant au rapport, fait au nom de ladite Commission, sur la question du monopole ou de la liberté de l'enseignement, aurais-je voulu, — ce qui aurait considérablement allongé cet opuscule déjà trop long, — le publier ici que cela m'aurait été impossible : son auteur, le citoyen Bonnet, l'ayant remis à Ferdinand Buisson sur la demande de ce dernier.

Voici seulement, et c'est l'essentiel, la motion présentée et défendue toujours par Bonnet et à laquelle s'est rallié unanimement, le Congrès lui-même, après une discussion dont je donne quelques aperçus plus loin :

Les délégués des Sociétés de Libre Pensée de Saône-et-Loire, réunis en Congrès départemental, à Chalon-sur-Saône, le 20 mars 1910, ont placé au premier rang de leurs préoccupations et ont discuté aussi profondément qu'ils le pouvaient la question essentielle pour la Démocratie du mode de l'Enseignement national.

Animés du seul esprit de libre pensée, dans l'application de sa méthode critique et déterministe, ils ont rejeté toute démonstration entachée de sectarisme et de provocation à l'égard des détracteurs de l'idée laïque. Mais, en constatant la perfidie des ennemis de l'école laïque, ils déclarent bien haut considérer cette œuvre de la nation républicaine comme l'instrument indispensable d'émancipation et d'organisation de la Société. Aussi bien, ils prendront part à une action vigoureuse de défense de l'école laïque et souscriront à une législation nouvelle, qui, sans porter atteinte à la liberté de conscience, permettra, pour l'heure actuelle, le contrôle de l'enseignement libre et confessionnel et protègera les éducateurs laïques.

Ayant examiné les diverses solutions qui se présentent pour assurer le triomphe de l'école populaire, ils tiennent à faire connaître qu'ils ont apporté dans cette étude le souci prédominant de hâter l'avènement d'une République sociale par l'accessibilité de tous à l'instruction laïque, gratuite, rationnelle et intégrale.

Avant de demander s'il importait de sortir immédiatement du système de la liberté d'enseignement qui sacrifie les droits de l'enfant à l'autorité de la famille et des maîtres choisis par elle, pour entrer dans le système du monopole d'État qui pourrait être dangereux sans le contrepoids indispensable de l'indépendance des maîtres s'harmonisant avec l'introduction au sein des conseils universitaires, de délégations des organisations syndicales et sociales, ils ont mis en évidence l'insuffisance des moyens dont dispose le Prolétariat pour acquérir l'instruction intégrale à laquelle il a droit. Ils ont observé que l'organisation actuelle de l'enseignement ne répondait plus aux aspirations des fils de la Démocratie ouvrière; que l'enseignement primaire ne suffisait plus à donner à ceux-ci le bagage d'instruction dont ils ont besoin au travers de la vie moderne, et, qu'ainsi pourvus d'une demi-instruction, les enfants prolétaires, dans un état d'infériorité manifeste vis-à-vis de ceux de la Bourgeoisie possédante, deviennent inévitablement victimes de la forme anarchique de la Société actuelle avec sa concentration du capital et des grandes industries. Conséquemment, ils ont estimé que l'œuvre de l'école primaire laïque demandait à être parachevée, élargie, tout d'abord par le recul de la limite de la scolarité, par l'augmentation du nombre des maîtres et des classes, par la révision des programmes pédagogiques, par une affectation nouvelle des établissements d'enseignement secondaire, par l'extension de l'enseignement professionnel. Dès lors, les délégués sont amenés à exprimer cette conviction, que la tâche première à accomplir est celle qui, préparant les voies à un régime économique nouveau, permettra à tous les prolétaires d'acquérir, à côté même des favorisés de la fortune, une instruction complète par application d'une loi fondamentale de l'enseignement public, d'après un même principe, une conception d'ensemble. Ils ne rejettent pas le monopole institué sur la base d'un service gratuit et universalisé d'enseignement.

Ils s'y rallieront à cette condition que l'État s'en servira pour en faire découler l'organisation même et définitive de la liberté, avec la collaboration des pères de famille. Toutefois, ils font précéder l'usage de ce droit d'une série de mesures tendant à la refonte totale de l'Enseignement national et propres à rendre le monopole acceptable, efficace, à lui enlever tout caractère et toute tendance dogmatiques, pour ne lui laisser, dans une stricte neutralité vis-à-vis de l'enfant, que le rôle de défense, de vie, de développement social.

Les congressistes, uniquement soucieux, en brisant les menées cléricales, de préparer le champ d'action des générations futures, ont confiance dans l'enseignement moral né de la forme républicaine et rénové par elle. Ils sont certains que, mis en présence des données positives de la science acquise, — seul terrain sur lequel l'éducateur doit se tenir — les écoliers rejetteront, à l'âge adulte, toute croyance imposée comme toute autorité prétendant imposer des croyances, se débarrasseront des forces ataviques et prépareront, formeront la Société de demain.

C'est pourquoi, convaincus qu'une réforme radicale de l'enseignement, prélude d'une transformation économique, est tout d'abord indispensable aux fins précitées, ils invitent les sociétaires et les amis de la Libre Pensée à manifester de toutes façons, à agir sur les masses, sur les groupements républicains, pour amener le pouvoir politique, les élus et les candidats législateurs à donner au problème de l'Enseignement, la première et nécessaire solution qu'ils viennent d'indiquer et qui contient, à leur avis, le germe du plein épanouissement de la Démocratie sociale.

Là-dessus, le citoyen Ferdinand Buisson, expert en la matière, dit, en substance :

« Je n'aime pas beaucoup ce mot monopole qui, en somme,
« désigne un organisme destiné à faire gagner de l'argent à
« l'État. Le monopole serait une solution peut-être expéditive
« et de nature à parer à des dangers immédiats, mais pou-
« vant aussi dériver en abus et en erreurs redoutables. Tous
« les citoyens n'ont pas les mêmes conceptions et je vois
« d'insurmontables difficultés à vouloir imposer un enseigne-
« ment en antagonisme avec telles ou telles conceptions dont
« on ne peut dire, sans esprit absolutiste, si elles sont exactes
« ou fausses.

« Mieux vaut le régime de la liberté qui permet à tous les
« partis de fonder des écoles conformes à leur idéal. Or,
« les Partis d'avant-garde, le Parti socialiste notamment, qui

« veut une transformation totale de la Société, doivent pro-
« fiter de cette liberté qu'ils ne peuvent, conséquemment, ravir
« aux autres.

« Devrait-on en arriver au Monopole, que je ne le trouverais
« acceptable qu'avec toutes sortes de précautions : j'approuve
« particulièrement l'idée originale présentée par votre rappor-
« teur, d'assurer la représentation des associations et syndi-
« cats dans les conseils universitaires. On parle du danger
« qui menace l'école laïque. Mais le Gouvernement, sans
« recourir au monopole, possède le moyen de contrôler l'en-
« seignement libre. Il a une loi ; il peut faire voter d'autres
« lois lui permettant de fermer les dernières écoles congréga-
« nistes. Pourquoi n'agit-il pas ? Il peut sévir seulement
« contre ce qui constitue un danger pour la Société laïque. Il
« doit respecter les quelques milliers d'instituteurs libres qui
« s'affranchissent du joug congréganiste. Au lieu de déclarer
« la guerre à ceux-là, il est préférable de lutter contre
« l'Eglise.

« Une autre vaste réforme, une réforme capitale sollicite
« l'attention des intelligences de façon bien autrement pres-
« sante que l'idée du monopole : c'est l'enseignement intégral.
« Là, est la solution. Je déposerai prochainement un projet de
« loi à ce sujet ; mais, je ne me fais pas d'illusion sur son
« sort. Je sais que mon projet entraîne de multiples consé-
« quences devant lesquelles je ne recule pas. Tous les enfants
« devraient débuter par la même école primaire de façon à
« perdre, les uns leurs préjugés de bourgeois, les autres leurs
« préjugés d'ouvriers, car, on a beau le nier, il y a des classes
« et ces classes se heurtent. Il faut créer l'école nationale,
« l'école de fraternité dont parlait Michelet. L'accession d'un
« enseignement à un autre se ferait par des examens. L'Etat,
« seul, devrait payer les frais de scolarité pour les enfants.
« Et, ce qu'il faudra surtout faire c'est réorganiser l'enseigne-
« ment primaire supérieur et professionnel qui ne devra
« jamais être négligé. Apprendre un métier est aussi hono-
« rable, utile, noble, qu'embrasser une carrière dite libérale.

« Voilà une réforme profondément sociale qui vaudrait
« mieux que le monopole, mieux que l'éternelle et parfois un
« peu puérile bataille anticléricale... »

Notre camarade Futin pose alors ces questions précises à Buisson qui répond avec la même précision :

« Voulez-vous dire qu'il faut que l'Etat fasse vivre ses
« écoliers pauvres et supporte tous les frais qu'entraîneront
« leur instruction intégrale ? »

« **OUI !** »

« Alors, êtes-vous prêt à chercher, dans les réformes fiscales
« et économiques, les moyens de réaliser cette essentielle
« œuvre sociale ? »

« **OUI !** »

Buisson parle ainsi, Buisson dit oui. Mais ceux qui disent oui avec lui, ceux qui veulent l'affranchissement intégral du peuple, combien sont-ils dans leur parti ? Ne forment-ils pas une minorité ? Où est-il, maintenant, le parti radical-*socialiste* ? Lui qui, dans son ensemble, prétend constituer une majorité dans le pays et dans le Parlement, *par qui a-t-il laissé prendre le pouvoir ?* Et pourquoi ses forces parlementaires tolèrent-elles une politique condamné avec éclat dans tel de ses congrès?

Il rejette ce qu'il appelle l'Utopie, mais, à l'heure des inévitables et vastes conflits entre le Capital et le Travail, quels remèdes apporte-t-il ?

Quand des pères de famille, se soulevant par l'exercice du droit de grève, et clamant leurs besoins cent fois méconnus autrement qu'en théorie, leurs revendications cent fois repoussées, en face des jouisseurs orgueilleux de l'oligarchie financière, sont brisés, emprisonnés tels des criminels ou transformés sur-le-champ et illégalement en prétoriens, que dit, que fait le parti radical et combien de ses membres protestent ?

N'approuve-t-il pas, lui, parti populaire, les attentats contre les libertés, l'écrasement des aspirations légitimes, des organisations ouvrières sous le fallacieux prétexte d'ordre, d'intérêt national et de répression d'un sabotage démesurément exagéré ?

Qu'entend-t-il par Intérêt national ; est-ce le bien être, l'assurance à la vie normale de l'immense majorité qui travaille et produit sans rien posséder, ou le privilège d'une infime minorité qui tient tout, possède tout, commande à tout ?

Je ne me crois pas le droit de répondre, ici, à ces questions.

Avant Buisson, le citoyen Bouveri, dans son franc et rude langage, s'était associé au rapport de Bonnet, tout en exprimant la crainte qu'un changement de gouvernement ne fasse se retourner le monopole contre nous. Bouveri ne veut pas user contre ses adversaires cléricaux des mêmes armes qu'eux. Il cite de nombreux faits de pression cléricale dans le département. Il dénonce l'oppression exercée si jésuitiquement par le curé et le châtelain et il réclame des mesures énergiques pour forcer tout au moins le clergé à ne pas se mêler de ce qui se passe à l'école laïque. D'autre part, le citoyen Futin avait démontré que la question économique constitue la base de toutes les autres ; qu'il ne faut pas s'en tenir au champ étroit de l'anticléricalisme, mais combattre tous les dogmes. C'est pourquoi il craint que, sous le régime du monopole, on ne dresse des dogmes plus gênants que les autres : capitalisme, militarisme, etc... « Aurait-on, — dit Futin, — ce motif à invoquer à savoir que le danger clérical est plus pressant que tout autre, qu'il faudrait énormément redouter les conséquences du monopole dans l'état actuel de la société ». Au sujet de la morale laïque, Futin ajoute : « Que l'on ne doit ni affirmer l'idée de Dieu, ni la nier absolument ; il faut enseigner le doute ».

Puis, sur la fin de cette discussion, le citoyen Pariot, de la L. P. de Givry, défendit le monopole. Il demanda qu'on empêche la fondation de nouvelles écoles congréganistes. A son avis, la surveillance de l'école libre ne suffit pas, car l'enseignement qui s'y donne pourra être dissimulé.

Ce qu'il faut, c'est la suppression radicale de l'enseignement congréganiste.

Ce à quoi le citoyen David répondit, très à propos : « Quand vous serez parvenu à la suppression de la misère, les écoles congréganistes auront vécu ».

Sur la proposition du citoyen Bonnet, on décide que le Bureau fédéral sera chargé d'ouvrir une souscription en faveur de la propagande pour la création, notamment, de bibliothèques et pour la publication et la diffusion plus fréquentes de brochures libres penseuses.

Cette souscription sera ouverte sous peu. Dans les journaux à tendance sincèrement démocratique de notre département, nous adresserons un appel à tous les partisans du mouvement libre penseur. Pour faire de la bonne guerre, c'est-à-dire de la bonne propagande, il faut des gros sous. Nous quêterons des gros sous. On sait à quoi nous les emploierons. Nos camarades Girard, dans sa proposition, et Bonnet, dans son rapport y relatif, l'ont clairement expliqué.

Le groupe de Givry présente un vœu longuement et fortement motivé, tendant à ce que les églises, propriétés communales, soient mises à la disposition des citoyens, en dehors des heures du culte, pour y tenir des réunions.

Voici quelques considérants :

« ..... Considérant que les églises sont des monuments publics appartenant à la communauté et que, comme tels, ils doivent servir à tous sans exception ;

Considérant que, dans chaque commune, des conférences pourraient avoir lieu pour le grand bien des jeunes gens surtout ; que ces conférences et causeries aideraient au développement du progrès et des idées démocratiques en germe ;

Considérant que les bâtiments sus-mentionnées seraient également utiles aux administrations communales qui, pour la plupart, n'ont pas de salles de mairies suffisantes ; que pour ce motif, les citoyens désireux de connaître les choses communales ne peuvent se rendre aux séances municipales et sont obligés de vivre dans l'ignorance des questions administratives qui les intéressent le plus directement ;

Considérant que si des réunions pouvaient se tenir dans les églises, les citoyens s'y rendraient et trouveraient ainsi la vie des campagnes moins monotone et seraient moins tentés peut-être d'abandonner leur village.. »

Ce vœu a été adopté. Et pourquoi pas ? Comme dit Pariot : « la moralité des citoyens débarrassés de toute croyance religieuse peut bien, sans crainte, être comparée à celle des prêtres et de leurs fidèles ». Il n'est pas impossible d'établir un règlement de police intérieur, un système d'aménagement qui mettent à l'abri les objets cultuels. Des esprits timorés crieraient, au début, et nous traiteraient de sectaires et d'intolérants. Nous entendons depuis longtemps la chanson ; nous nous rappelons les inventaires. N'empêche, qu'avec Pariot, je dis qu'il y a des constatations qui devraient être plus fortes qu'un libéralisme poussé à l'excès.

Il est vrai de dire que nombreuses sont les localités où il n'existe pas, en dehors des cabarets, une salle où les travailleurs peuvent tenir des réunions publiques ou privées si nécessaires à l'éducation politique et sociale. Combien les difficultés matérielles sont souvent la cause de l'indifférence et de l'incompréhension de la masse !

Entre autres vœux, le Congrès adopte celui proposé par la délégation d'Autun, qui proteste contre la condamnation et l'incarcération du légionnaire Rousset, coupable d'avoir osé dire que son camarade Aernoult avait été assassiné.

Il était bon de stigmatiser les crimes commis au nom de la discipline dans les bagnes militaires d'Afrique. Il ne faut pourtant pas s'habituer à de tels forfaits, quand bien même ils sont perpétrés par des brutes plus ou moins galonnées, dont la mentalité particulière identifie naturellement l'idée de patrie avec l'idée de meurtre.

Sur ma proposition, l'ordre du jour dont le texte suit est adopté à l'unanimité :

« Les Sociétés de Libre Pensée fédérées de Saône-et-Loire représentées au Congrès annuel de 1910, à Chalon, protestent une fois de plus, avec la dernière énergie, contre les incessantes atteintes à la liberté d'opinion et aux droits de l'individu. Elles déclarent qu'après quarante ans de régime républicain, il est profondément attristant et décourageant de constater qu'on cherche, sous d'habiles prétextes, à rétablir le délit d'opinion ; et, rappelant que la définition même de la pensée libre implique que l'homme croyant ce qu'il peut et non ce qu'il veut ne saurait être inquiété pour ce qu'il croit, condamnent les révocations, les poursuites et les emprisonnements dont sont victimes des citoyens uniquement coupables de faire usage d'un droit, d'exprimer des convictions et de défendre des conceptions que tout le monde a le droit de critiquer, d'adopter ou de repousser, mais que personne n'a le droit de punir. »

Évidemment, nous ne pouvions pas ne pas dire cela. Si nous nous abstenions de faire entendre notre protestation, nous usurperions bassement le titre de libres penseurs.

Il n'en est pas moins vrai que cette manifestation, venant après tant d'autres analogues, est un coup d'épée dans l'eau, je l'avoue sans ambages.

Protester contre l'arbitraire et la manière forte des gouvernements du régime capitaliste ? Pourquoi faire ? Où est la responsabilité personnelle des gouvernants ? Ne sont-ils pas l'émanation, la résultante inévitable de l'ordre social actuel ? Ne sont-ils pas nécessairement les exécuteurs des puissances financières et ne se calquent-ils pas sur le système social qu'ils ont charge de défendre ?

Tant que nous vivrons sous l'énorme mensonge économique qui nous régit, la pensée sera bâillonnée dès qu'elle s'écartera des banalités courantes, des thèmes inoffensifs, des concepts honnêtement bourgeois et vaguement humanitaires, ou des écrits de plate courtisanerie, pour saper les préjugés, et servir, dans son expression, à faire concevoir, par la masse des exploités, les moyens pratiques de mettre un terme à leur exploitation.

Cela est parfaitement logique. Je me demande donc pourquoi nous en sommes encore à ces étonnements puérils quand nous voyons le Pouvoir, détenu par la Bourgeoisie républicaine conservatrice, s'appuyer précisément sur les formules et les principes plus ou moins sophistiqués dont on nous a grisés pour assurer son ordre, c'est-à-dire la longévité d'une organisation favorable dans son essence aux détenteurs des grands capitaux et des grands moyens de capitaliser, aux privilégiés, aux jouisseurs de toutes espèces de la classe possédante, aux trafiquants de la Haute Banque et du Haut Commerce, à tous les parasites de l'anarchie capitaliste. A quoi bon, je me le demande, ces stupéfactions et ces colères en présence des trucs, des stratagèmes, des assimilations audacieuses, des roublardises aux allures sévères et grandiloquentes, des moyens de basse police qui germent et se succèdent entre les mains des servants du Moloch, pour briser chaque fois qu'il s'affirme pratiquement l'effort d'amélioration, d'organisation et d'émancipation du Prolétariat ?

Oui, cela est parfaitement logique. C'est une défense qui ne peut pas ne pas se produire.

Mais soyons justes et impartiaux : il a été et il sera probablement encore des gouvernants qui, soit par la force de propulsion, demeurée en eux sincère, de l'idéal dont ils s'étaient nourris, soit par une application d'abord prudente et habile, puis malgré eux élargie, de la méthode des concessions et des palliatifs, soit par le trouble qu'ils ont ressenti en face de la grandeur de l'œuvre qu'ils auraient peut-être voulu pouvoir accomplir, ont réalisé des réformes utiles, en ont ébauché d'autres constituant des bases appréciables de revendications nouvelles.

Devons-nous trouver quelque utilité et quelque satisfaction à prononcer des flétrissures ou à chanter des louanges ? Non. Nous avons mieux à faire qu'à pratiquer ce jeu de bascule politique. Nos Congrès nationaux et internationaux, dans les définitions qu'ils nous ont données, élèvent bien autrement notre raison d'être et d'agir.

Ce qui nous importe, c'est la préparation du régime par lequel tout être humain sera mis en état d'exercer effectivement tous ses droits et de remplir tous ses devoirs d'homme. Ce qui doit nous inspirer, c'est la justice sociale. Ce dont nous devons avoir souci, c'est de donner à notre effort d'émancipation assez d'ampleur pour qu'il puisse concourir à assurer l'émancipation économique du Prolétariat. Il nous faut donc, avant tout et surtout, nous appliquer à faire comprendre au peuple la nécessité de son éducation, de son organisation politique et sociale ; à lui faire prendre le sentiment de sa force et de ses responsabilités, en vue d'accomplir l'œuvre lente et formidable de transformation qui lui incombe, à lui seul, et d'où sortira son affranchissement total. Car l'éducation des masses n'est pas faite. Il y a encore des troupeaux qui obéissent et qui, dans une sorte de lâcheté atavique, ont peur de leur propre liberté. Cependant, le Conservatisme apeuré dictera des mesures répressives tantôt sournoises, tantôt violentes : il trouvera toujours d'astucieux renégats pour briser et ravaler notre effort. On nous accusera peut-être, nous aussi, d'entreprise criminelle et de complot antinational. Peut-être le jour est-il proche où ceux d'entre nous qui écriront ce que j'écris aujourd'hui seront inquiétés. Il y aura des heures de trouble et d'équivoque. Nous aurons contre nous la presse asservie et stipendiée. Nous passerons par des alternatives d'espoir et de découragement.

Qu'importe ! la tâche est là, magnifique ; elle ne s'accomplira que par la multiplication des efforts et des sacrifices. Prêchons l'action méthodique ; contenons la violence presque toujours inutile et aveugle. Des imbéciles ou des perfides croiront nous embarrasser en nous accusant de faire du socialisme. Répondons-leur en faisant de l'étude et de l'action sociales. Préconisons la solution. Peu nous importe qu'elle soit dans le socialisme inscrit en queue du titre de notre grand parti républicain, radical et radical-socialiste ; dans le socialisme de dissidence, d'apaisement et d'apostasie ; dans le socialisme de l'Internationale ouvrière.

Libres penseurs, nous ne sommes à la remorque ni des hommes ni des partis. Anti-dogmatiques, nous n'apportons pas un dogme nouveau. Les doctrines sociales ne nous inspirent ni indifférence, ni mépris, ni effroi. Nous

nous efforçons de projeter, sur chacune d'elles, les lumières de l'analyse. Nous en extrayons la substance qui nous parait bonne, conforme à notre idéal. Nous rejetons le reste. C'est notre méthode que nous entendons appliquer jusqu'au bout, dans son sens exact. Nous nous détournerons aussi bien de l'oppression d'en bas si elle se manifeste que de l'oppression d'en haut que nous constatons. Nous n'admettrons jamais, d'où qu'il vienne, l'esprit théocratique.

Peut-être aussi, nous, les jeunes, verrons-nous, au terme de notre vie, poindre l'aube de l'ère nouvelle. En une dernière vision des cauchemars passés, si nous évoquons les figures de certains maîtres de l'heure actuelle, elles nous apparaîtront grimaçantes de gouaille cynique. Alors seulement, nous serons doublement des apaisés. Nos petits enfants nous garderont gré d'avoir conservé notre courage devant les défections et les trahisons ; d'être restés méprisants en présence du spectacle immoral donnés par ces aventuriers évanouis du champ de foire politique, d'abord révolutionnaires échevelés, puis devenus, par le plus ignoble reniement, gardiens féroces et glorifiés de la conservation sociale. Alors seulement, saluant le triomphe approchant de la véritable République sociale, de la République du travail, de la science mise au service de la collectivité, nous pourrons, avec la satisfaction du devoir accompli, nous coucher dans le silence et dans la nuit.

A la fin du Congrès, notre camarade Bonnet donne lecture de la « Déclaration » suivante qu'il a rédigée, et qui est adoptée par acclamations :

Déclaration du Congrès

Les délégués des Sociétés de Libre Pensée de Saône-et-Loire, réunis en Congrès départemental le 20 mars 1910; constatant les attaques dont la Libre Pensée est l'objet ; les interprétations erronées qui sont données à son esprit, à son rôle, à son but; les critiques dirigées contre l'orientation nettement sociale qu'elle doit prendre, contre le caractère international qu'elle doit conserver, contre son intervention active dans tous les grands problèmes sociaux, ont tenu, à l'issue de leurs débats, et en s'inspirant des définitions adoptées dans les congrès nationaux et internationaux, à préciser ce qu'est, ce que doit être la Libre Pensée.

Pour dissiper l'atmosphère d'équivoque, de préventions et d'incompréhension dont les ennemis de la Libre Pensée veulent l'entourer, les congressistes ne sauraient donner meilleure, plus précise et plus éloquente préface à une Déclaration qui leur est propre, que cette définition générale de la Libre Pensée, adoptée au Congrès international de Rome en 1904 :

« 1º La Libre Pensée n'est pas une doctrine ; elle est une
« méthode : la méthode du libre examen ;

« 2º La Libre Pensée exige que ses adhérents aient expres-
« sément rejeté non seulement toute croyance imposée, mais
« toute autorité prétendant imposer des croyances ;

« 3º La Libre Pensée substitue à l'Idéal religieux, l'Idéal
« purement humain, c'est-à-dire la poursuite indéfini du vrai
« par la science, du bien par la morale, du beau par l'art, et
« elle est toujours prête à compléter ou rectifier les décou-
« vertes d'hier par les découvertes de demain ;

« 4º La Libre Pensée doit et peut fournir une règle de vie
« aussi bien aux sociétés qu'aux individus. Elle veut appliquer
« les lois de la Raison à l'organisation sociale elle-même ;
« d'abord en séparant absolument les Églises de l'État, et en
« établissant la laïcité absolue de l'État et de tous les services
« publics !

« Ensuite, et surtout, en réclamant l'institution d'un régime
« par lequel tout être humain sera mis en état d'exercer effec-
« tivement tous ses droits d'homme et de remplir tous ses
« devoirs d'homme ;

« 5º La Libre Pensée tend donc à créer la justice sociale
« comme seul moyen rationnel de régler les rapports entre les
« hommes et entre les peuples ;

« 6º C'est dire que tout effort tendant à la libération intel-
« lectuelle et morale de l'humanité n'a de sens et d'efficacité
« que s'il concourt à assurer l'émancipation économique du
« Prolétariat universel.

« En résumé, la Libre Pensée est laïque, démocratique et
« sociale, c'est-à-dire qu'elle rejette au nom de la dignité de la
« personne humaine ce triple joug : le pouvoir abusif de
« l'autorité en matière religieuse, du privilège en matière
« politique et du capital en matière économique. »

Ainsi, n'étant pas une doctrine, mais une méthode de libre examen, la Libre Pensée ne peut, par là même, devenir ni l'instrument avoué ou occulte, ni l'adversaire systématique de quelque parti politique, de quelque gouvernement que ce soit.

Voulant appliquer les lois de la Raison, à l'organisation sociale elle-même, elle est logiquement conduite, après avoir aidé le pouvoir politique à faire la Séparation, à établir la laïcité absolue de l'Etat et des services publics, — à poursuivre l'institution d'un régime permettant à tout homme d'exercer tous ses droits, de remplir tous ses devoirs, d'employer toute son intelligence ; et, du moment où elle proclame que son effort de libération intellectuelle et morale de l'humanité n'a de sens et d'efficacité que s'il concourt à assurer l'émancipation économique du Prolétariat universel, la Libre Pensée organisée indique à la fois et son rôle actif dans la préparation d'une transformation sociale, et sa tendance à internationaliser ce mouvement.

Les conséquences de sa méthode qu'elle applique dans le domaine infini de l'idéalisme social, l'essor qu'elle prend sous la poussée des aspirations et des besoins populaires entraînent donc la Libre Pensée à élargir singulièrement le cercle de pure philosophie qu'on lui avait tout d'abord assigné non sans quelque puérilité.

Il ne lui suffit plus que sa règle de tolérance et de libre critique, son rejet de prétentions doctrinaires, son caractère rationaliste, sa tendance naturelle au déterminisme, lui assurent immanquablement la victoire contre l'idéal religieux et les préjugés ataviques entretenus par les partisans de tous les genres de l'immutabilité dogmatique.

Elle est appelée, de plus, à prendre part à la bataille sociale. En dehors et au dessus des partis d'avant-garde ; expression vivante et désintéressée de la Démocratie internationale ; insoucieuse des ambitions particulières et des agitations passagères et mesquines, la Libre Pensée sera comme le creuset où se mouveront, se disséqueront les grandes idées, les grandes revendications de l'humanité tout entière.

Elle deviendra la formule première d'où sortiront, condensées et activées vers une matérialisation future, les modalités de l'entière et nécessaire rénovation sociale.

Ceux qui viendront à la Libre Pensée sauront donc qu'elle n'offre pas, uniquement, un paisible abri à de tranquilles et éternelles dissertations philosophiques.

Ils s'engageront à approuver l'orientation logique qu'elle se donne, et tout en continuant à déjouer les tentatives désespérées de la faction cléricale, ils sauront que leur devoir, à quelque école qu'ils appartiennent, est d'aborder, sur le terrain économique l'étude des problèmes qui doivent être solutionnés dans la plénitude de toutes les libertés et avec le concours de toutes les intelligences. Protestant contre toute atteinte à la liberté d'opinion, ils affirmeront que l'action méthodique qu'ils ont adoptée ne saurait s'arrêter, hésitante, s'il lui faut, dans la poursuite de son but, renverser les barrières du conservatisme social et condamner, abolir telle forme jusque-là déclarée immuable.

Partisan de l'accessibilité de tous à l'instruction intégrale parce que, là, dans la voie scientifique, commence la conquête de l'égalité économique ; partisans de l'action féministe parce que, là, réside un puissant facteur de l'éducation de la démocratie, ils proclameront l'autonomie des nations, la liberté inviolable des patries ; mais ils se déclareront internationalistes parce que les revendications, les efforts de la Libre Pensée s'allient et se complètent par dessus les frontières, et parce qu'ils verront, dans l'entente des prolétariats, une certitude de paix, une sauvegarde de la pensée libre et la possibilité du développement rationnel du processus de l'esprit humain.

Ainsi, la Libre Pensée verra venir à elle les seuls amis sur lesquels elle aura le droit de compter pour substituer à l'idéal religieux, l'idéal purement humain, pour appliquer les lois de la raison à l'organisation sociale elle-même, pour assurer l'émancipation économique du Prolétariat universel ; les seuls amis, enfin, qui sauront et voudront lui maintenir avec ampleur, en face du Capital et de ses servants, comme en face de l'Eglise et de ses prêtres, en face du dogme vivant comme en face du dogme mourant, son triple caractère laïque, démocratique et social.

Que pourrais-je ajouter à cette page éloquente et précise ?

J'espère que nos camarades fermement libres penseurs ne trouveront rien à redire à cette sorte de charte indicatrice de notre action et de notre idéal. J'espère qu'il n'y aura que des « vrais amis » ; qu'aucune voix ne s'élèvera pour rapetisser la Libre Pensée à une action limitée et bâtarde ; j'espère que nous ne nous attarderons pas davantage à discuter sur les bagatelles de la porte, à égrener le chapelet des mignardises métaphysiques. Tout a été dit ; des démonstrations lumineuses et définitives ont été faites sur le caractère laïque et démocratique de la Libre Pensée. Il faut, enfin, mettre en relief son troisième aspect et nous unir dans une vigoureuse action d'étude et de propagande pour entrer dans la mêlée sociale et dans le vif du problème économique.

J'entends bien qu'il est bon de discourir sur les tombes ; d'évoquer les difficultés et les dangers passés ; de condamner les dogmes religieux. J'entends bien qu'il est nécessaire de soustraire nos femmes et nos filles à l'influence de l'Eglise et de ses prêtres, mais je prétends qu'il faut faire plus et que *la République, la Libre Pensée, la Morale laïque ne seront que des mots, tant que, dans l'ordre économique, dureront la mise en tutelle et l'exploitation légales, — et illégales, — de l'homme par l'homme, d'une majorité dépouillée par une minorité enrichie*

Certes, nous sommes ennemis déclarés de toutes les anarchies. Réprouvant les méthodes de désespoir nous travaillerons dans la légalité. Cependant, nous ne serons pas dupes. Quand on nous parlera de la France avant tout, des intérêts vitaux de la nation, nous voudrons savoir s'il n'y a pas, derrière ces mots, le souci d'assurer à l'aide de quelques fureurs sournoisement liberticides, une éternelle domination capitaliste.

Faire la guerre aux gens de la calotte : c'est bien. Mais il y a les gens du coffre-fort. Ceux-ci, comme ceux-là veulent, par des moyens divers, maintenir le Prolétariat dans la servitude.

Leur ralliement s'opère en dépit des différences de philosophies et de confessions. La querelle superficielle qui les divise s'apaise et se fond en un bloc de conservatisme social dès que la classe ouvrière fait entendre le moindre grondement. Nous devons donc combattre les uns et les autres. Nous devons dénoncer les puissances d'argent créatrices de lâcheté, de haine et de misère et rester froids devant la vieille et stupide accusation de démagogie qu'on ne manquera pas de porter contre nous.

Et comment donc donner à la Libre Pensée la force d'attraction, la vitalité, la puissance de critique qui lui sont nécessaires pour jouer le grand rôle d'action sociale qui lui incombe, autrement que par l'union, l'association de groupes, l'organisation régionale et nationale débarrassée de tout esprit de secte et de chapelle et fonctionnant dans une discipline librement consentie où la diversité des opinions sera respectée et assurée ?

Je ne saurais mieux dire, à ce propos, qu'en citant, pour terminer, ces paroles récentes de notre camarade Bonnet :

« ...Il nous faut réaliser une vaste et forte organisation
« où les règles de discipline seront admises comme con-
« dition indispensable au triomphe de la Libre Pensée
« nationale et internationale ; une organisation capable
« d'embrasser, d'analyser les mouvements, les phéno-
« mènes politiques, sociaux, économiques, capable d'in-
« diquer et même d'imposer les solutions successives des
« problèmes de tous genres au fur et à mesure des pro-
« grès, des découvertes scientifiques.

« Une ère nouvelle doit s'ouvrir : La Libre Pensée ne
« peut, selon le désir secret de certains, être une amu-
« sette aux couleurs criardes d'anticléricalisme. Puisqu'il a
« été admis que tout effort tendant à la libération intel-
« lectuelle et morale de l'humanité n'a de sens et d'effica-
« cité que s'il concourt à assurer l'émancipation écono-
« mique du Prolétariat universel, il faut proclamer, par
« voie de conséquence logique, que la Libre Pensée doit
« aborder résolument l'étude sociale et économique elle-
« même.

« Or, si, dans la poursuite de son but, elle veut faire
« œuvre féconde, sa première résolution doit être de
« rallier par l'unification ses forces éparses, de procéder
« au recensement de ses vrais amis et d'ériger un orga-
« nisme puissant, parce que discipliné et cohérent.

« En présence de la lourde et dangereuse indifférence
« des masses, que ni l'action politique quelque peu
« délaissée et dépréciée, ni l'action syndicaliste à la fois
« chaotique et paralysée, meurtrie dans son essor, ne
« suffisent pas à secouer, ce réveil ainsi compris de la
« Libre Pensée prenant sa large part dans l'œuvre totale
« de libération, de relèvement social, constitue mon vœu
« le plus ardent. »

Et à moi aussi.

Mais, de cela, nous reparlerons à notre prochain congrès fédéral de mai ou juin 1911. En attendant, je termine cette brochure déjà trop longue, et, avec la douce illusion qu'elle ne sera peut-être pas tout à fait inutile, j'exprime à tous mes camarades connus et inconnus de la Pensée libre mes sentiments les plus fraternels et mes remerciements pour l'honneur qu'ils m'ont fait en me lisant jusqu'au bout.

Je leur demande en grâce de répandre cet humble travail d'un publiciste occasionnel...

A bas les puissances d'obscurantisme et d'oppression !
Sus à l'Église !
Sus au Capital !
Vive la Libre Pensée !

Henri MOUSSU,

Secrétaire général de la Fédération des Sociétés de Libre Pensée de Saône-et-Loire.

ANNEXE

Compte rendu analytique de la conférence faite par le citoyen Ferdinand Buisson, député de la Seine, à l'issue du Congrès, le le 20 mare, salle du Colisée.

Qu'est-ce que la Libre Pensée? Ou plutôt qu'est-ce que la Libre Pensée n'est pas? Puisqu'on lui attribue d'autres visées, d'autres caractères que les siens, puisqu'on la représente sous un aspect faux.

Elle n'est pas, quoi qu'on en dise du côté de l'Eglise, une entreprise inspirée par la haine, la colère ou l'esprit de négation. C'est, là, le premier préjugé que nous rencontrons. La presse catholique insiste sur cette sorte de frénésie qu'on nous prête d'en vouloir à Dieu, à la religion, au spiritualisme. On nous suppose un fanatisme à rebours, une sorte de négation de parti pris, une volonté d'amener la France à ne former plus qu'une manière d'Eglise athée.

Et bien, non, ce n'est pas cela la Libre Pensée : c'en est la caricature.

Nous ne sommes pas les ennemis de toute croyance; nous avons pour toute conviction sincère infiniment de respect et de sympathie.

On nous objecte encore que nous voulons remplacer ceci par cela; opposer une doctrine rationaliste à une doctrine spiritualiste. Non. La Libre Pensée n'est pas un contre-dogme. Elle n'est pas le résumé de la Science; elle n'a pas de catéchisme scientifique à opposer au catéchisme ecclésiastique. Elle n'est pas une nouvelle religion, ni une irréligion.

Sans doute, il faut bien croire à quelque chose, et nous, qui ne croyons pas au surnaturel, nous avons confiance en la Science, mais nous ne la considérons pas comme une doctrine dogmatique s'opposant corps à corps aux religions quelles qu'elles soient.

En réalité, la Libre Pensée n'est qu'une méthode, une orientation de l'esprit. Une doctrine, c'est quelque chose d'écrit, de figé, de précis, quelque chose dont nous ne voulons pas, car, nous, nous prenons l'engagement de ne croire que ce que notre raison nous aura fait admettre.

Qu'est-ce qu'un Libre Penseur? Ce n'est pas ce que certains croient ou veulent laisser entendre : Quelqu'un qui pense tout ce qui lui plaît, par simple commodité. Une liberté, c'est une responsabilité. Si nous pensons librement, nous sommes toujours, nous Libres Penseurs, prêts à prendre la responsabilité de ce que nous pensons et à nous en expliquer avec quiconque.

Il est vraiment beau de se déclarer Libre Penseur et de puiser seul, dans le secret de sa conscience, avec les fragiles moyens dont le simple mortel dispose, ce que l'on croit juste, sans recourir aux lumières du Très-Haut, à l'autorité d'un Pape ou d'un Chef spirituel quelconque. Dans tous les cas, c'est infiniment moins commode que de se plier à l'obédience d'un clergé ou d'une secte.

Le Libre Penseur se livre à des difficultés graves, à des luttes intérieures, à des déchirements de conscience que ne connaît pas le croyant qui accepte, lui, les doctrines toutes faites, sans discussion.

C'est pourquoi le Libre Penseur mérite le respect de ceux-là même qui ne partagent pas ses convictions. Mais il ne faut pas conclure de tout cela que le Libre Penseur doive se targuer de posséder la vérité absolue, ni s'ériger, à son tour, en petit pape en opposant son infaillibilité à une autre infaillibilité qu'il condamne. Car c'est justement là ce qui différencie le Libre Penseur du Catholique, puisque le Catholique croit que la Vérité est quelque chose qui s'inscrit dans des livres, dans un catéchisme ; quelque chose de révélé à jamais, d'immuable, de supérieur à tout ce que l'esprit humain peut rêver. La Libre Pensée repousse l'unité absolue de pensée qui n'est pas humaine. Ce qui est humain, c'est la diversité des opinions. Aussi, ne tenons-nous pas à former l'esprit de la jeunesse sur un modèle uniforme. Ceux qui veulent agir ainsi ont des restes d'éducation catholique. Ce n'est pas ce qu'on croit ou ce qu'on nie qui constitue la Libre Pensée. Il n'y a qu'une loi : la sincérité.

On peut croire en Dieu, ou appartenir aux écoles les plus diverses et être un parfait Libre Penseur. Le Libre Penseur est celui qui croit avoir des raisons valables de croire; qui croit loyalement et après un travail de réflexion et de critique. Par contre, n'est pas Libre Penseur celui qui croit parce que cela lui est imposé, parce qu'il est de bon ton de croire, mais qui ne pourrait donner des raisons valables de sa foi.

Nous, Libres Penseurs, nous estimons qu'en somme, tout est relatif, même les sciences. Il est impossible d'arriver à sonder l'inconnaissable, de prétendre connaître l'absolu. L'esprit n'est pas assez puissant pour embrasser l'étendue des mondes ou pour décrire l'énigme universelle. L'Église ne le peut pas mieux que nous et nous ne le pouvons pas mieux que l'Église. Mais nous, nous comprenons cela, tandis que les religions ne veulent pas l'admettre.

J'affirme mon respect pour les croyances sincères, mais j'entends séparer la doctrine religieuse des exploitations ignobles de miracles comme Lourdes ou saint Antoine de Padoue.

Les doctrines religieuses ont été utiles ; elles ont fait une besogne que nous sommes loin de nier. Relisons l'histoire générale des religions. Voyez la majesté saisissante du panthéisme hindou, puis, plus tard, la conception hellénique, déjà plus élevée qui idéalise et divinise la nature humaine, et, enfin, la conception du petit peuple juif qui instaure le monothéisme, le culte d'un seul Dieu qu'on représente comme l'être pur, l'être parfait et immatériel. Quel progrès ! Et l'on voit à ce moment des écrivains issus du peuple, ceux qu'on a appelés les prophètes s'élever avec un courage admirable contre la puissance des riches, contre les rites de l'époque, proclamant que le temple de Salomon n'était rien qu'un édifice fragile et que ce qui importait surtout c'était la fraternité !

Puis, survient Jésus qui révolutionne le monde. Il faut lire avec l'esprit critique de la Libre Pensée les paraboles, les évangiles, le Sermon sur la Montagne, qui contiennent des enseignements admirables. Jésus dit à ses contemporains des choses tellement révolutionnaires qu'ils le traitent en blasphémateur et le font mettre à mort. Il ne faut donc pas méconnaître ces grands enseignements de l'Histoire. Ce que les docteurs du Christianisme écrivaient alors constituaient un progrès immense. On n'avait encore rien pu rêver d'aussi élevé et de nature à frapper aussi profondément les esprits. Ces doctrines ont traversé les siècles. On les enseigne encore. Mais on les a abîmées, déformées ; on y a ajouté des conceptions puériles et féroces à la fois. On a érigé cette doctrine moyenâgeuse et monstrueuse des peines éternelles. En cela, personne ne croit plus, pas même les catholiques. Même le sacrifice de la messe qui perpétue un état de choses disparu légué par la préhistoire, qui, à son origine, constituait un notable progrès puisqu'il substituait aux sacrifices d'animaux un sacrifice où Dieu est censé immoler son fils, même cette conception n'est plus en rapport avec notre état d'esprit, nous ne pouvons plus la comprendre : voilà pourquoi nous vivons en dehors de la religion qui fut, autrefois, le résumé des connaissances du moment.

Mais nous ne sommes pas des sectaires ; nous comprenons ce qu'il y a eu de beau et de grand dans les religions et nous n'hésitons pas à apporter notre hommage à tout ce qui a rendu service à l'Humanité. On nous a reproché de ne point reconnaître de règle, de n'avoir point de morale. C'est une erreur. Nous reconnaissons qu'il faut une règle, une morale, mais, nous disons que ce n'est pas la métaphysique qui les établit. La morale est un patrimoine commun que les siècles ont enrichi. Elle n'est pas plus aux catholiques qu'aux libres penseurs. La morale est la même pour tous. Les croyants lui adjoignent quelques affirmations que nous rejetons, car nous faisons appel à notre raison. La Raison est, en effet, notre force et l'on constate qu'à elle aussi, certains prêtres modernistes ont recours. Je prétends que si l'ont veut éduquer l'âme humaine, lui donner le plus possible d'idéalisme et d'honnêteté, il faut lui apprendre que tout ce qui a contribué à la civilisation nous a fait. Nous sommes tous les petits-fils de Rome et de la Grèce auxquelles la Religion elle-même doit beaucoup. Nous avons en commun la bonne et vieille morale de nos pères : celle de tous les honnêtes gens.

Mais nous ne croyons pas au salut individuel. L'homme qui ne s'occupe que de son émancipation à lui est un égoïste. Il faut donc que la Libre Pensée soit sociale pour émanciper tous ceux qui ont besoin de l'être. L'association des libres penseurs tend à détruire toutes les oppressions abusives : oppression du dogme sur l'esprit ; oppression politique ; oppression du capital.

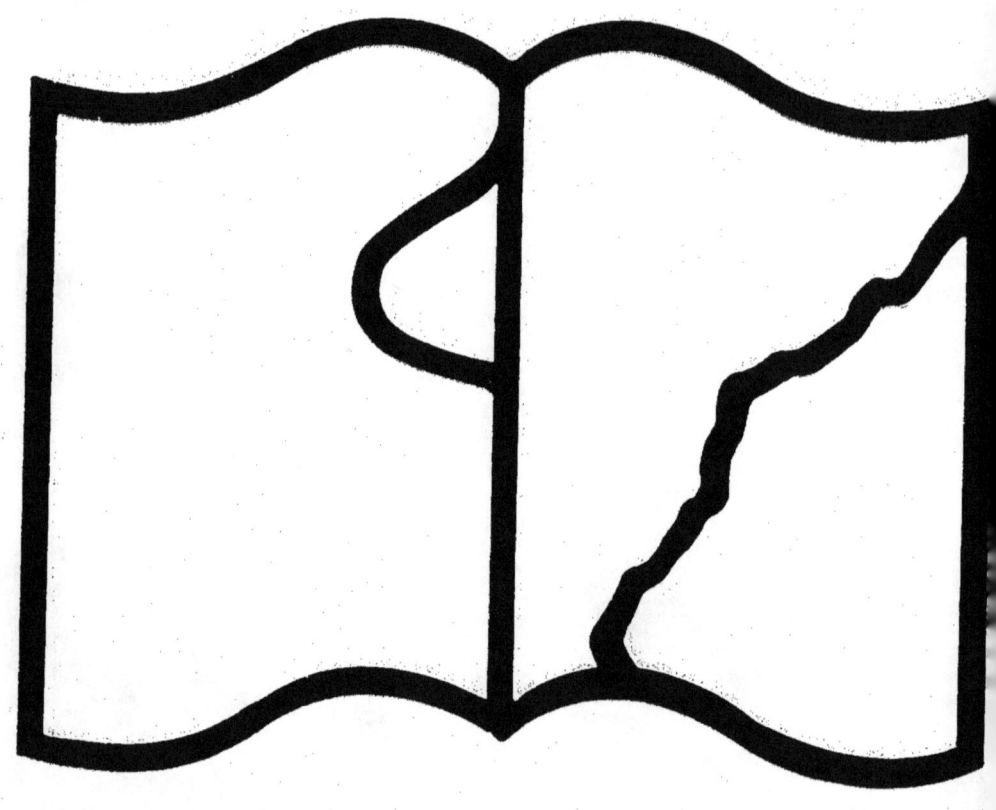

Texte détérioré — reliure défectueuse

NF Z 43-120-11

www.ingramcontent.com/pod-product-compliance
Lightning Source LLC
Chambersburg PA
CBHW060549050426
42451CB00011B/1824